Henry Mayol et Georges Proust

Shiilia

SIMPLISSIME

8-12 ans

LES TOURS DE MAGIE LES + FACILES DU MONDE

hachette ENFANTS

POUR COMMENCER

Sais-tu que **la magie** est un art très ancien ? Elle existe depuis **la haute Antiquité** ! À cette époque, les magiciens étaient des personnages importants, à la fois **médecins** et **sorciers**. Ils ne faisaient pas de tours de magie comme aujourd'hui, mais prédisaient le temps et conseillaient les rois.

Pendant très longtemps, **les secrets** de magiciens – bien gardés ! – passèrent **de père en fils**, chez les troubadours et autres artistes ambulants. Ils allaient divertir les seigneurs dans leurs châteaux ou les foules dans les fêtes foraines.

Mais le véritable **« âge d'or de la magie »** se situe dans les années 1850-1925, pendant lesquelles les magiciens parcoururent les États-Unis, grâce à l'essor du chemin de fer, et créèrent **des spectacles grandioses** ! Ces derniers temps, ce sont **les mentalistes** qui fascinent le public en faisant semblant de deviner nos pensées. Demain et toujours, les magiciens continueront **d'inventer** des tours, toujours plus extraordinaires...

Ce livre te propose d'apprendre **20 tours de magie** incroyables. On te donne les clés pour y arriver... Prêt à relever le défi ?

SOMMAIRE

CONSEILS ET ASTUCES

Voici quelques conseils pratiques
pour t'aider à réussir tes tours de magie.

Facile !

Tous les tours qui sont décrits dans ce livre ont été sélectionnés pour que tu puisses les faire sans difficulté. Pas besoin non plus d'acheter des accessoires. Tu trouveras tout **le matériel** nécessaire à la maison !

Entraîne-toi

Pas question de se présenter au public sans un minimum d'entraînement ! Répète les tours le plus souvent possible jusqu'à ce que tu les maîtrises vraiment bien et que tu sois sûr de toi. **T'entraîner devant un miroir** peut t'aider à repérer et à corriger tes petits défauts, même pour les tours les plus simples.

Concentre-toi

Lis attentivement les consignes, ne saute pas les étapes et n'hésite pas à demander l'aide d'un adulte pour la fabrication d'un accessoire. **Prends le temps** de comprendre et d'apprendre chaque tour.

C'est parti !

Il est normal d'avoir un peu **le trac** au début. Tu l'auras de moins en moins, ne t'inquiète pas. N'hésite pas à te produire devant ta famille ou tes amis, c'est en répétant et en présentant les tours le plus souvent possible que tu vas t'améliorer. Jamais de précipitation, prends ton temps. Sois naturel et n'hésite pas à raconter **une petite histoire** tout en étant drôle et souriant pour mettre en scène tes tours, et en même temps **faire diversion** !

Chut !

Travaille un ou deux tours à la fois, un peu tous les jours et **ne répète jamais le même tour** devant les mêmes spectateurs ! Bien sûr, garde jalousement tes secrets. Un magicien ne révèle jamais ses astuces !

La magie est un art

Au même titre que la musique ou la danse, la magie est un art très riche qui demande beaucoup de travail. Entraîne-toi et répète les tours pour acquérir **des mouvements fluides**. Il faut de la patience, de la rigueur et de la mémoire.

À présent, c'est à toi de jouer !
Bon spectacle et bon succès...

LES NŒUDS MAGIQUES

Il te faut :

1 cordelette d'1,20 m

2 morceaux de la même cordelette de 20 cm chacun

Préparation :

Forme un S avec la grande cordelette et place les 2 petites cordelettes à cheval, sur les 2 boucles du S.

Réunis et prends de chaque côté les 3 bouts de cordelettes entre tes doigts. Tire fermement pour égaliser.

Sur un 1er côté, noue les 3 cordelettes au niveau des 2 petites pour cacher le montage. Ne serre pas trop. Fais le même nœud de l'autre côté. Ton tour est prêt !

1

* Entre en scène et explique que tu vas faire un tour **avec 3 cordelettes.**
* **Dénoue un côté** et tiens les cordelettes comme sur le dessin.
* Dans ta main, tu as un **morceau libre** ; le public ne le voit pas.

2

* **Laisse tomber** le morceau libre.
* **Noue les 2 morceaux restants** ensemble sans montrer la boucle.
* Une fois le nœud fait (serré mais pas trop), tu peux le montrer à ton public.

3

* Fais **pareil de l'autre côté** : défais le nœud, lâche le morceau libre et noue les 2 morceaux restants : les 3 cordelettes sont **liées les unes aux autres** !

4

* Attrape une extrémité de la cordelette et **commence à l'enrouler** autour de l'autre main.
* Emmène les **faux nœuds** qui sont **coulissants** (le public ne le sait pas !).

5

* Quand tu as fini d'enrouler, tu as **la cordelette** dans une main et **les nœuds** dans l'autre.
* Glisse les faux nœuds **dans ta poche** en expliquant que tu vas y prendre un peu de poudre magique.

6

* Poum, poum, jette cette **poudre magique** sur la corde enroulée.
* Déroule et... waouhhh ! Tu as **transformé 3 cordelettes** en une seule !

L'ANNEAU PRISONNIER

Il te faut :

1 anneau ou 1 bracelet

1 ficelle d'environ 1 m

1 foulard ou 1 grand mouchoir en tissu

1

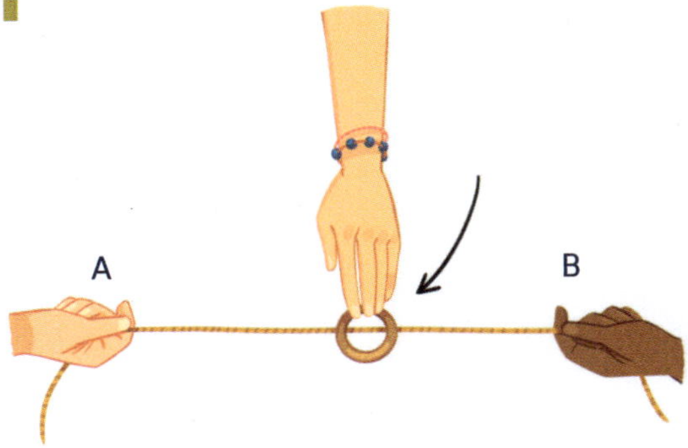

* Présente tes accessoires. **Pas truqués !**
* Place la ficelle sur la table et demande à 2 spectateurs d'en **tenir** chacun **un bout**.
* **Pose l'anneau** sur la ficelle, à peu près en son milieu.

2

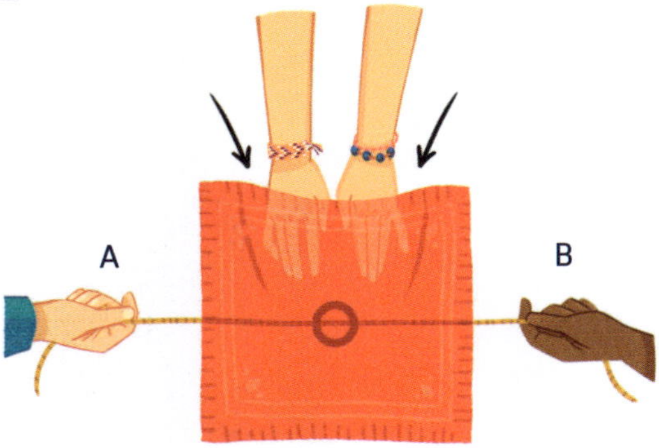

* **Glisse tes mains** sous le foulard pour faire ton tour. Pas question de dévoiler **ton secret** !
* Les spectateurs **tiennent** toujours la ficelle, chacun d'un côté.

3

* **Sous le foulard** (que l'on ne dessine plus pour mieux comprendre), **tire la ficelle** au centre de l'anneau : tu crées une boucle.

4

* Toujours sous le foulard, prends la boucle et **fais un simple nœud** avec le côté A de la ficelle. Serre un peu.

5

* Sous le foulard toujours, tire **sur le côté B de la ficelle** et pose-le à l'extérieur de l'anneau.
* **Mets ton index** dans la boucle ainsi obtenue et **appuie-le** sur la table.

6

* Demande aux 2 spectateurs **de lâcher la ficelle**. Tes mains sont toujours **sous le foulard**.
* En gardant ton index appuyé sur la table, **tire le côté A tout droit**. Le côté B de la ficelle sort de l'anneau.

7

* Tire doucement la ficelle par le côté A **pour sortir l'ensemble** de dessous le foulard.
* Oh ! L'anneau est enfilé sur la ficelle. Un peu de **souffle magique**... Tire sur les 2 extrémités : l'anneau est enfilé dans la ficelle !

LA CARTE MYSTÈRE

Il te faut :

1 canette ouverte

1 jeu de 32 ou 54 cartes

1 gommette

Préparation :

Place une gommette sur la table devant toi à l'envers, le côté collant dessus. Dépose la canette dessus. Comme son fond est creux, la gommette ne peut pas s'y coller.

1

* **Montre à ton public** que **les cartes** ne sont pas truquées et qu'elles sont toutes différentes. Les spectateurs peuvent les manipuler ou les mélanger.
* **Ne touche pas** à la canette.

2

* Demande à un spectateur de **désigner** une carte, n'importe laquelle.
* Demande-lui de la faire **glisser** sur la table pour la sortir du jeu.

3

* **Prends la carte désignée** (sans montrer le dos de la carte) et adosse-la à la canette pour que tout le monde puisse bien la voir.

4

* **Rappelle au spectateur** qu'il pouvait choisir une autre carte, mais qu'il a choisi celle-ci.
* Pendant que tu parles, **enlève la canette** qui te gêne pour bien voir la carte.
La carte tombe à plat sur la table.

5

* Profites-en pour **boire une gorgée** et repose la canette sur la carte.
* **Le spectateur ne le sait pas,** mais la gommette placée sur la table, sous la canette, se retrouve au dos de la carte !

6

* Reprends le paquet de cartes de départ et **montre** que les faces sont toutes différentes.
* Montre à ton public que les dos sont tous identiques en faisant **défiler des petits paquets** de cartes sur la table.

7

* **Tous les dos sont identiques** à l'exception de la carte choisie.
* Montre-la au public : c'est la seule qui est différente.
Elle a une gommette collée au dos !

LE BONNETEAU

Il te faut :

2 cartes noires (trèfle ou pique) dans un jeu à dos bleu

1 carte noire (trèfle ou pique) dans un jeu à dos rouge

1 carte rouge (carreau ou cœur) dans un jeu à dos rouge ou bleu

1 paire de ciseaux, de la colle

Préparation :

Découpe la carte rouge de cette façon.

Jette le plus petit morceau et colle le grand morceau sur le 10 de pique, en éventail. Tu obtiens une « carte truquée ».

De dos, rien ne se voit.

Superpose le 10 de trèfle sur le roi de pique. Le roi de pique est caché.

Prépare ton faux trio de cartes. Tout paraît normal !

1

* Fais **installer** le public devant toi.
* **Montre-leur les cartes** en disant que tu as 2 cartes noires et 1 rouge au milieu.
* Surtout, **ne montre pas** le dos des cartes.

2

* Demande au spectateur de **prendre la carte rouge**, mais avant, dis que tu vas fermer l'éventail.

3

* Retourne ton éventail et demande au spectateur de **sortir la carte rouge** sans la regarder, puis de la poser sur la table.

4

* Pendant ce temps, dans ta main, **rapproche** les 2 cartes restantes l'une de l'autre, toujours faces cachées, pour **masquer la carte truquée**.
* Montre les faces des cartes au spectateur : il a choisi la rouge. **Il reste les 2 noires.**

5

* Demande au spectateur de retourner **sa carte : elle doit être rouge, n'est-ce pas ?** Incroyable ! **Sa carte est noire !**

LE BONBON DANS LE SAC

Il te faut :

2 bonbons assez durs
et identiques

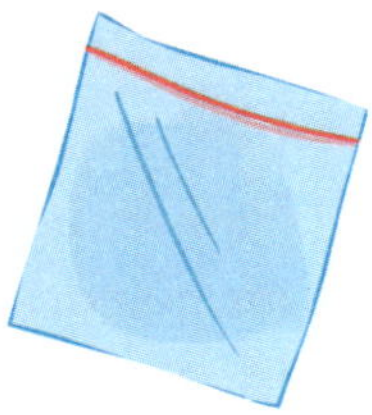

1 sac de congélation ouvert

1

* Juste avant de commencer, en cachette, mets **un des 2 bonbons** dans ta bouche. Laisse-le sous ta langue pour pouvoir parler un peu. **Ne l'avale pas !**
* Présente **le sac vide** et ouvert à ton public, et **1 bonbon** que tu poses sur la table.

2

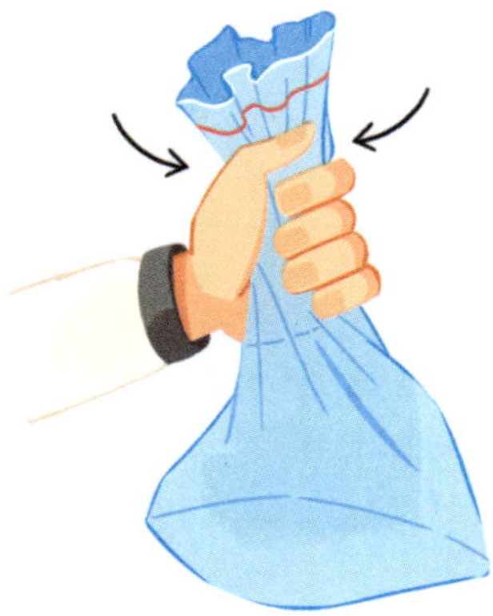

* **Réduis l'ouverture** du sac avec ta main.

3

* **Souffle** dans le sac.
* Tout en soufflant, crache le bonbon et introduis-le délicatement dans le sac. Il est arrêté et **caché par ta main**.

4

* Prends le bonbon sur la table, **mange-le** et **avale-le**.
* Tire la langue pour prouver ta bonne foi !

5

* Annonce que tu vas faire apparaître dans le sac le bonbon que tu as mangé, **juste en soufflant** sur le sac.
* Souffle et, en même temps, **secoue le sac** pour faire tomber le bonbon dissimulé.

6

* **Le bonbon** que tu viens de manger **réapparaît**, mais dans le sac !
* Il est encore un peu humide. Ne le donne pas à examiner, **mange-le**... une seconde fois, croit-on ! Hum !

LES ÉPINGLES DE COULEUR

Il te faut :

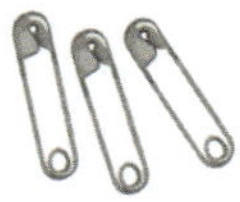

3 épingles à nourrice

3 perles de couleurs différentes

1 pince, 1 lime

Préparation :

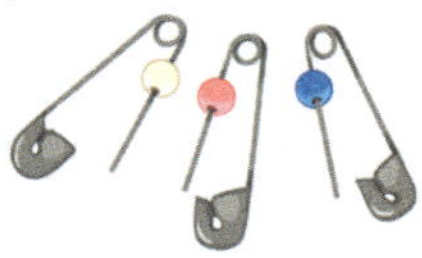

Enfile une perle sur chaque épingle.

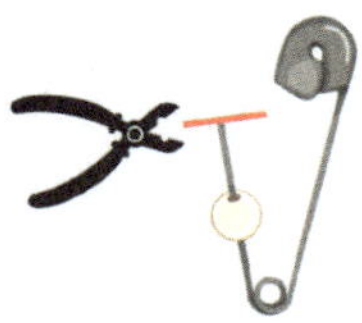

Avec l'aide d'un adulte, coupe la pointe de l'aiguille de l'épingle à perle blanche. Puis lime-la pour qu'elle ne pique plus.

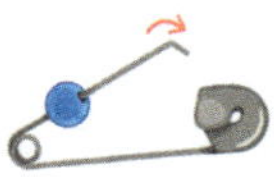

Tords la pointe de l'aiguille de l'épingle à perle bleue pour former presque un angle droit. Laisse l'épingle à perle rose telle quelle.

1

* Avant de commencer, retiens donc que :
– l'épingle avec la perle **blanche ne pique pas** ;
– l'épingle avec la perle **bleue** a une pointe **recourbée** ;
– l'épingle avec la perle **rose pique**.

2

* Présente sur la table **tes 3 épingles fermées** au spectateur. Il y a 3 perles de couleur : 1 rose, 1 blanche et 1 bleue. Ton spectateur **ne se doute pas** que les épingles ont subi une préparation !

3

* Annonce au spectateur que **tu vas prédire** quelle épingle il va choisir.
* Ferme les yeux et demande-lui de **glisser une des 3 épingles** dans ta main.
Il peut cacher les 2 autres.
* Place tes mains **dans ton dos** et ouvre les yeux.

4

* À ton tour de jouer ! **Fais semblant** de te concentrer sur l'épingle choisie.
* Pendant ce temps, ouvre-la.
Elle est toujours dans ton dos.
* **Touche la pointe** pour savoir de quelle épingle il s'agit. Referme-la.

5

* Eurêka ! Tu sais ! **Annonce** fièrement au spectateur de quelle épingle il s'agit.
* **Montre-lui** l'épingle :
tu as **bien deviné** sa couleur !

LE DÉBUT DE LA FORTUNE

Il te faut :

1 billet de 10 €

3 cartes

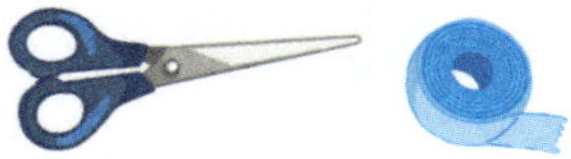

1 paire de ciseaux,
du ruban adhésif transparent

Préparation :

Plie le billet de 10 € en quatre.
Sur une des cartes, fais une découpe en forme de triangle.

Sur une 2e carte, mets du ruban adhésif sur 3 côtés : les 2 largeurs et une longueur. Pose la 1re carte avec la découpe sur la 2e, et rabats les bandes de ruban adhésif.
Tu obtiens un petit porte-cartes.

Glisse le billet plié en quatre dans le porte-cartes. Il ne doit pas dépasser.

1

* Présente-toi à ton public et montre-lui **les cartes**, de face et de dos. **Cache bien le triangle** du porte-cartes sous tes doigts.
* Annonce que tu vas **faire apparaître** un billet de 10 €.

2

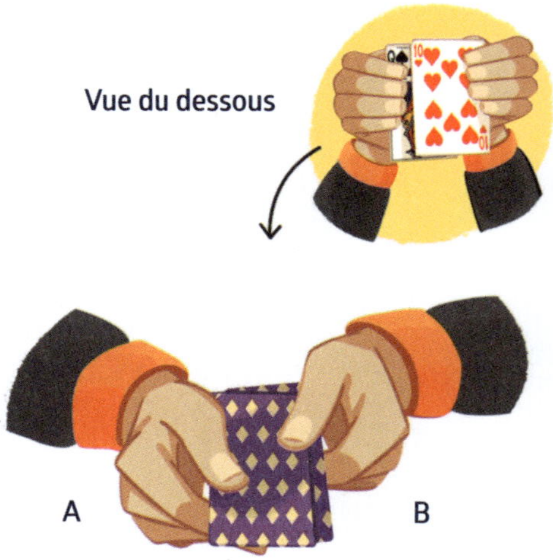

* **Place le porte-cartes** sous la carte normale. Le petit triangle se trouve sur le côté A.

* Fais apparaître un billet de 10 € *

3

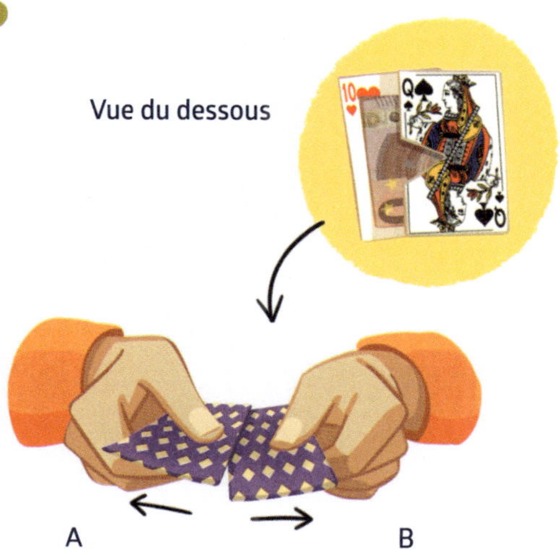

* **Tire** la carte normale vers le côté A tout en **maintenant le billet** pour qu'il sorte du porte-cartes.

4

* Fais **une passe magique** : frotte les cartes l'une contre l'autre.
* Waouh ! **Un billet apparaît** et tombe sur la table !

5

* Profite de **l'émerveillement** du spectateur pour faire passer la carte dans ta main gauche en main droite et celle de ta main droite en main gauche.
* Tu peux ainsi **montrer à nouveau les 2 cartes** en cachant l'encoche.

6

* **Pose les 2 cartes** l'une sur l'autre, faces cachées, sur la table.
* **Déplie le billet** et **montre-le** à ton public. C'est un vrai billet de 10 € ! Bravo !

C'EST DANS LA BOÎTE !

Il te faut :

1 boîte de Tic-Tac™ vide

2 pièces de 5 centimes

1 cutter, 1 cuillère

Préparation :

Demande à un adulte de découper au cutter le contour de la boîte et de retirer le couvercle sans enlever l'étiquette sur les côtés. Soulève le couvercle avec une cuillère.

Pose une pièce sur la tranche du couvercle. Referme la boîte en coinçant la pièce entre le couvercle et le bord de la boîte. La pièce est invisible, cachée par l'étiquette !

1

* Présente-toi à ton public et montre-lui **la boîte vide** : secoue-la doucement pour montrer qu'elle n'a rien d'anormal.

2

* Montre **la pièce** que tu tiens dans ton autre main et dis au spectateur que tu vas **la faire entrer dans la boîte**.

3

* **Frappe la boîte sur la pièce** jusqu'à ce que tu entendes la pièce tomber dans la boîte.
* Recommence autant de fois que nécessaire.

4

* Tadam ! La pièce est **entrée dans la boîte**, comme par magie !
* En même temps que tu montres la boîte au spectateur, fais discrètement **tomber la pièce** restée dans ta main sur tes genoux.

5

* Ouvre la boîte et montre que **la pièce ne peut pas en sortir**. Quel fabuleux tour de magie, n'est-ce pas ?

LE FORÇAGE EN CROIX

Il te faut :

1 papier

1 enveloppe

1 jeu de cartes

Préparation :

Écris ta prédiction sur un morceau de papier. Par exemple, le 3 de cœur. Glisse le papier dans l'enveloppe.

Écris « PRÉDICTION » sur l'enveloppe et pose cette enveloppe sur la table. Prends la carte correspondant à ta prédiction (le 3 de cœur), pose-la sur le dessus du paquet et pose le jeu sur la table.

1

* Montre à ton public que le jeu **n'est pas truqué**.

2

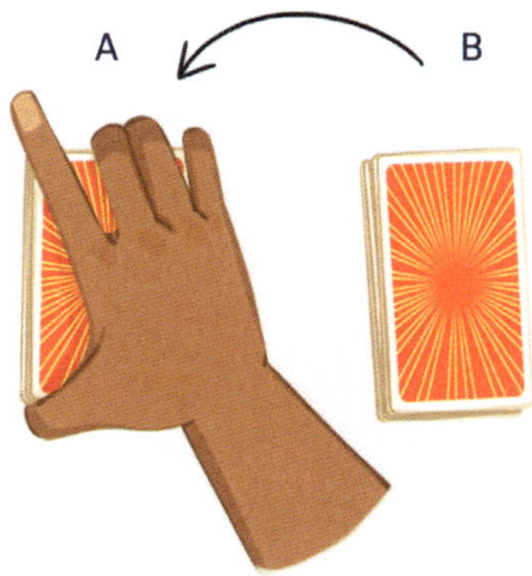

* Pose le jeu de cartes devant le spectateur et demande-lui de **couper**.

* Prédis la carte du spectateur *

3

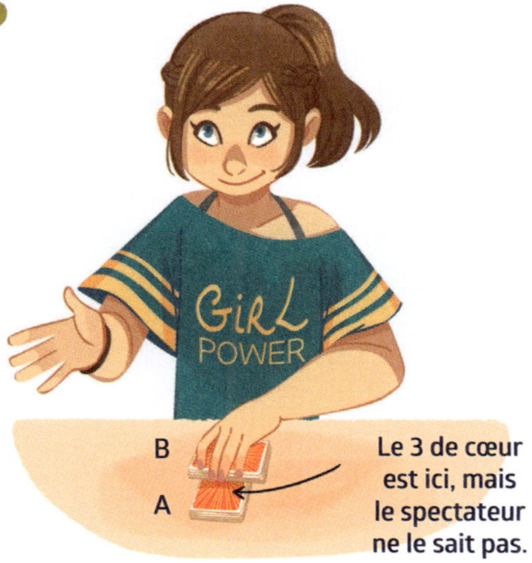

* Prends le tas B et pose-le **en forme de croix** sur le tas A.

4

* **Fais diversion** en disant que tu as fait une prédiction. Montre l'enveloppe sans l'ouvrir.
* Dis au spectateur qu'il a choisi sa **carte de coupe** : là où il a coupé. Enlève le paquet du dessus.

5

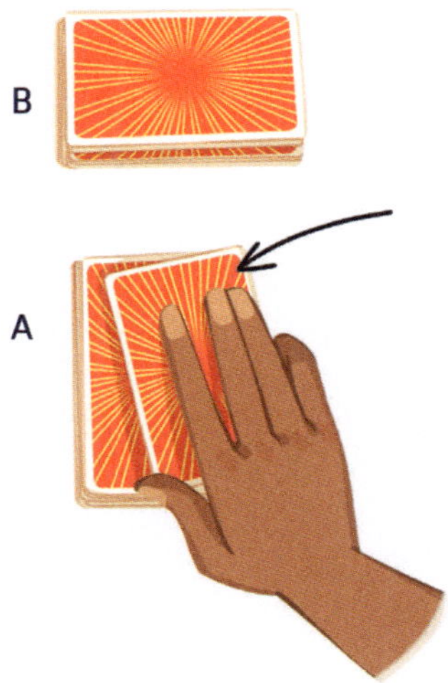

* Demande-lui de prendre la **1re carte du paquet** du dessous (sa carte de coupe) et de la poser devant lui sans la regarder.

6

* Remets les paquets **l'un sur l'autre**.
* Demande au spectateur de **retourner sa carte** : le 3 de cœur.
* Ouvre l'enveloppe et **révèle ta prédiction** : 3 de cœur ! Incroyable mais vrai !

PRÉDICTION AU CAFÉ

Il te faut :

1 jeu de cartes

1 soucoupe blanche

1 tasse

1 cuillère à café

du café soluble
ou du chocolat en poudre

1 stick à lèvres transparent

Préparation :

Pose la carte de ton choix sur le dessus du paquet. Par exemple, le 3 de cœur. Avec le stick à lèvres, écris au milieu de la soucoupe « 3 ♥ » (ou la carte que tu as placée sur le dessus du paquet).

Pose la tasse dessus et mets la cuillère dans la tasse.

1

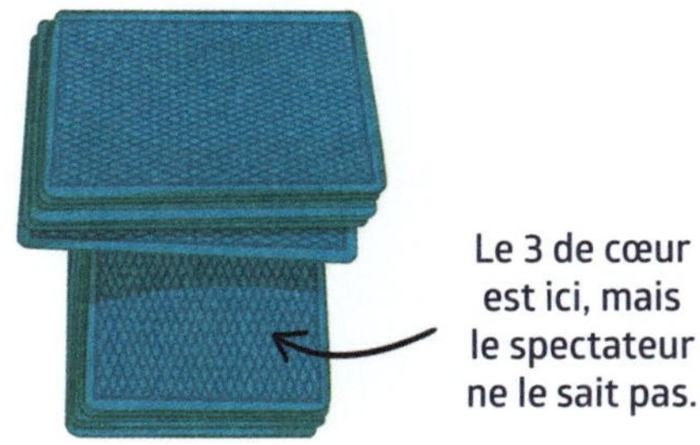

* Comme pour le forçage en croix, **tu vas faire choisir une carte** au spectateur : demande-lui d'abord de couper.
* Prends le tas et pose-le **en croix** sur les autres cartes.

2

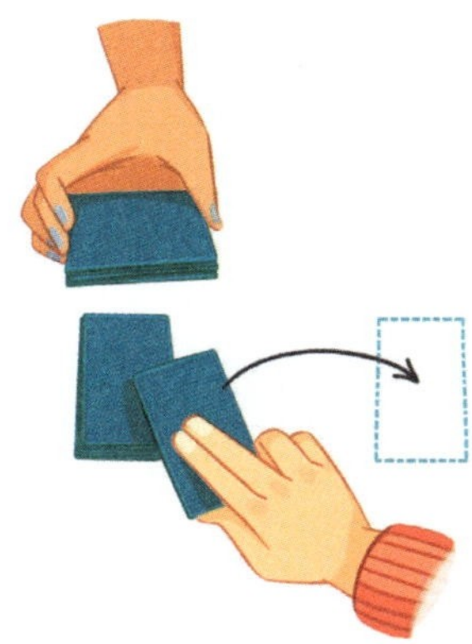

* **Fais diversion** en disant que tu vas deviner la carte du spectateur : comme une voyante, tu vas lire dans les grains de café.
* Dis au spectateur qu'il a choisi **sa carte de coupe**. Enlève le paquet du dessus, demande-lui de prendre **la 1re carte du paquet** du dessous. Lui seul la regarde.

3

* Mets le jeu de cartes **de côté**, tu n'en as plus besoin.
* Prends une cuillerée de café soluble et **montre la tasse**.

4

* **Verse le café** dans la tasse.
* Remue et essaie de **lire dans le café**.
* **Dis au spectateur** « Je vois un chiffre… », « Un chiffre impair… » puis « Oh, on dirait un 3 ! », et demande-lui de confirmer.

5

* **Fais mine de ne pas trouver** la couleur.
* **Renverse le café** dans la soucoupe et annonce que tu vois du cœur.
* Dis au spectateur que tu comprends que lui **ne puisse pas voir**, mais que tu vas l'aider.

6

* Remets le café dans la tasse. Le surplus qui reste dans la soucoupe annonce… **un 3 de cœur** ! Waouh ! **Tu as lu** dans les grains de café !

LA PIÈCE VOYAGEUSE

Il te faut :

1 pièce de monnaie

Préparation :

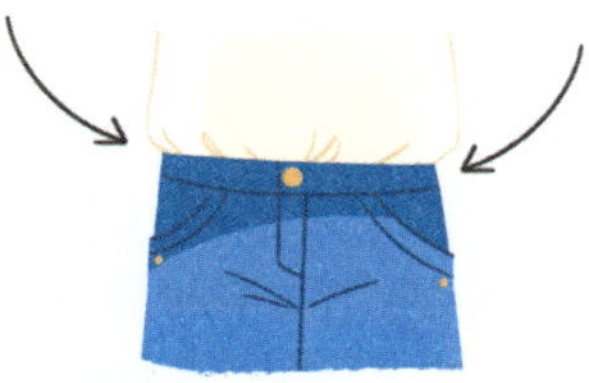

Rentre bien ton tee-shirt
dans ton pantalon
et assieds-toi devant une table.

1

* Annonce à ton spectateur que tu vas **faire disparaître** une pièce de monnaie.
* **Pose ton coude gauche** sur la table et **frotte la pièce** qui est dans ta main droite sur ton avant-bras pour tenter de la faire disparaître. Place ta main gauche dans ton cou.

2

* Oh, zut ! **Ça ne fonctionne pas** ! Tu ouvres la main et **la pièce tombe** sur la table, elle est toujours là.

3

* **Récupère la pièce** avec la main gauche.

4

* Prends à nouveau la pièce avec la main droite et **recommence à la frotter** sur ton avant-bras.
* **Encore raté** ! La pièce tombe sur la table !

5

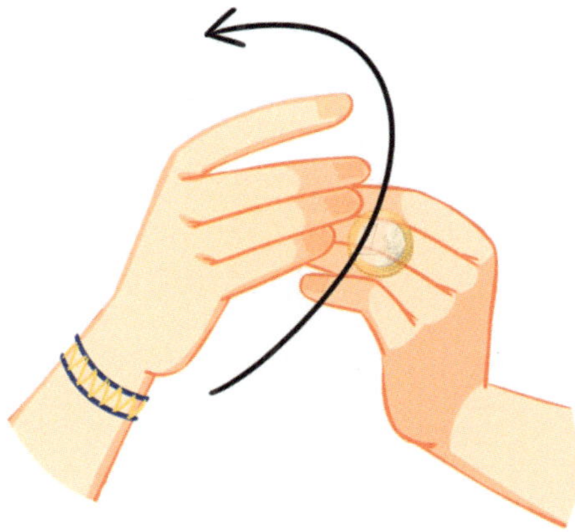

* Pour la 3e fois, prends la pièce avec la main gauche et **fais semblant de la faire passer** dans ta main droite. En fait, tu la caresses et **tu la gardes** dans ta main gauche.

6

* Immédiatement, ta main gauche, qui tient la pièce, **monte vers ton cou** comme les fois précédentes.
* **Recommence à frotter** ta main droite sur ton avant-bras et, pendant ce temps, **fais glisser la pièce** dans ton tee-shirt.

7

* Miracle ! Cette fois, ça a marché ! **La pièce a disparu !**

DEUX EN UN

Il te faut :

1 élastique

Préparation :

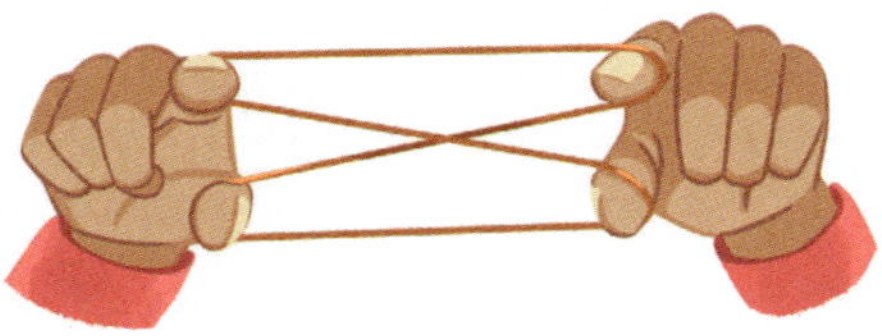

Assieds-toi au bord d'une table.
Forme un 8 avec l'élastique :
mets tes 2 index dans la boucle
du haut et tes 2 pouces dans la boucle
du bas. Tire bien de chaque côté.

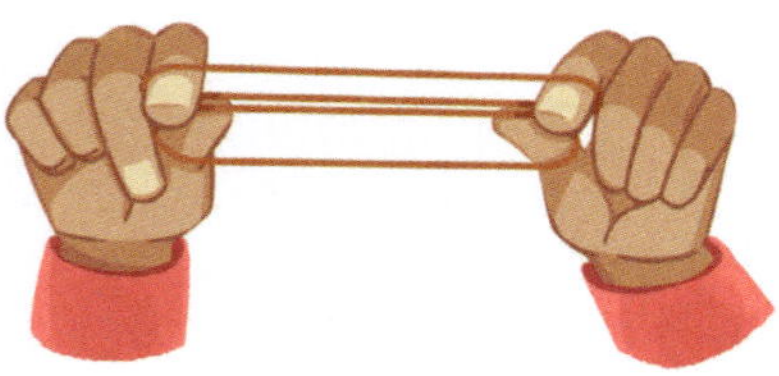

Serre ton index gauche contre
ton pouce gauche et ton index droit
contre ton pouce droit.

1

* **Présente-toi** devant ton public dans cette position.
* **Écarte en va-et-vient et en même temps** ton pouce droit de ton index droit et ton pouce gauche de ton index gauche : le public a **l'illusion** qu'il y a 2 élastiques. Avant le tour, entraîne-toi à le faire très vite.

2

* **Rassemble tes doigts** et mets ton élastique dans la main. Les spectateurs pensent toujours que tu en tiens 2.

3

* **Sors l'élastique** en gardant ton poing bien fermé et pose-le sur la table.
* Les spectateurs attendent le 2e...

4

* Souffle sur ta main toujours fermée et ouvre-la : **le 2e élastique a disparu** !

5

* Annonce que tu vas **faire disparaître** l'élastique restant : **tire fermement** l'élastique vers le haut en direction de ta narine, en plaçant ton petit doigt à l'intérieur de l'élastique.

6

* Fais mine **d'aspirer l'élastique** par le nez en basculant la tête vers l'arrière et en reniflant d'un coup sec pendant que tu fais tomber l'élastique tenu par ton petit doigt **sur tes genoux**.
* Bravo ! L'élastique a vraiment disparu !

PIÈCE À « TRA-VERRE »

Il te faut :

1 ballon de baudruche blanc
ou transparent

1 verre

1 tube de colle

1 paire de ciseaux, 1 élastique

1 pièce de 1 euro

1 pièce de 50 centimes

Préparation :

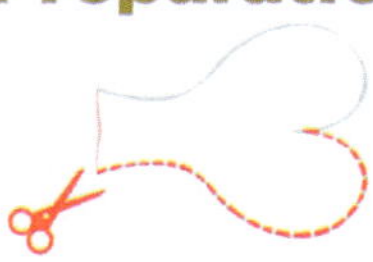

Coupe le ballon en deux dans le sens de la longueur mais pas tout à fait jusqu'au bout.

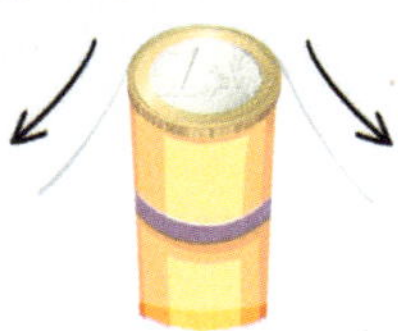

Place la pièce de 1 € sur le tube de colle, tends le bout de ballon au maximum jusqu'à ce que tu voies à travers, et pose-le sur la pièce.

Descends tes mains et lâche. Mets de côté le tube de colle. On a l'illusion que la pièce est sur le ballon, mais elle est dessous !

Tends le ballon avec la pièce emprisonnée sur le verre. Fixe-le avec un élastique. Pose la pièce de 50 centimes sur le verre.

1

* **Présente au spectateur** les 2 pièces posées sur le verre : une pièce de 1 € et une pièce de 50 cts.
* Tu peux **tapoter** la pièce de 50 cts sur celle de 1 € si tu veux. Ça fait du bruit !

2

* Annonce au spectateur que tu vas **faire tomber la pièce de 1 €** dans le verre.

3

* **Appuie** maintenant **sur la pièce de 1 €** en tenant le verre de l'autre main pour maintenir le ballon en place.

4

* Gling ! La pièce est tombée dans le verre comme par magie. Pourtant, **le ballon est intact** !

5

* **Montre le tout** à examiner au spectateur (le ballon, le verre, l'élastique) et offre-lui la pièce de 1 € tant désirée !

LE BALLON MAGIQUE

Il te faut :

1 ballon

1 téléphone portable

1 paire de ciseaux

1

* Demande à un spectateur de te **prêter** son téléphone. Sans crainte !
* **Gonfle le ballon** à son maximum.

2

* Pose **le téléphone sous le ballon** et ne touche plus l'écran. Tiens-le par en dessous, du bout des doigts.
* Annonce au public que tu vas **introduire le portable** dans le ballon.

3

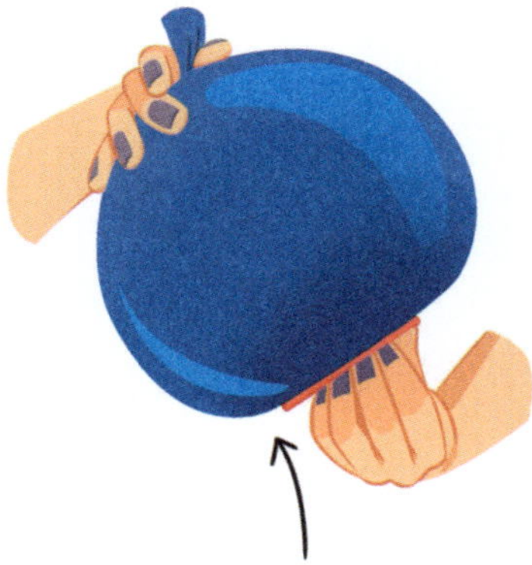

* Laisse le ballon **se dégonfler en appuyant** fermement sur le ballon d'un côté et sur le portable de l'autre, en tenant celui-ci du bout des doigts.

4

* Incroyable ! Le téléphone **est dans le ballon** !
* **Cache bien l'arrière** du téléphone avec ta main.

5

* Demande au spectateur de **couper l'embout** du ballon.

6

* **Retourne le ballon** de façon à réellement emprisonner le téléphone tout en parlant à ton public pour **faire diversion**.
* Puis **enlève** le ballon.

7

* Tu as **libéré le téléphone**... Ouf ! Son propriétaire est rassuré !

LA BANDE DE MOTS

Il te faut :

1 bande de papier cartonné

1 stylo, 1 paire de ciseaux

1 sac opaque

1 pomme

Préparation :

Sur la bande de papier, écris une liste de mots de ton choix en majuscules. Le mot du bas et le mot du haut sont le même : POMME. Écris-le bien 2 fois de la même façon.

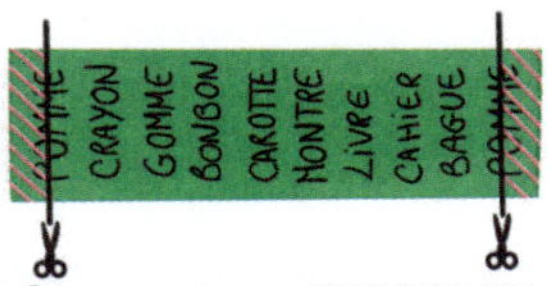

Découpe les mots « POMME » en leur milieu. Jette les 2 petits bouts de papier.

Mets la pomme dans le sac et ferme-le.

1

* Annonce au public que tu as mis un objet dans **ton « sac de prédiction »**.
* **Présente la bande** en cachant avec tes doigts les mots coupés, et **lis** quelques mots (livre, cahier, bonbon, etc.).

2

* Tout en parlant, face à ton public, retourne la bande vers toi en la mettant **à l'envers**.
* Promène les ciseaux **de haut en bas** et demande à quelqu'un de **dire « stop »** quand il veut.

3

* Pour le spectateur, tu t'es arrêté sur un mot. En fait, tu vas **découper** la bande de papier **bien droit, entre 2 mots**.
* Tiens **le morceau du haut** pendant que tu découpes.

4

* Incline la bande de papier vers toi pour que le morceau du bas **tombe face écrite** sur la table.
* Tout en parlant, **fais pivoter le papier** dans ta main (sans que le public le remarque) pour avoir de nouveau les mots à l'endroit.

5

* **Révèle** au spectateur que tu as coupé quand il a dit « stop ». Tu t'es arrêté sur un objet : une pomme.
* **Montre-le** en reformant le mot « POMME ».

6

* Annonce alors que **tu avais prédit** le choix de ce mot !
* **Ouvre** le sac : il y a **une pomme** !

PASSEZ, MUSCADE !

Il te faut :

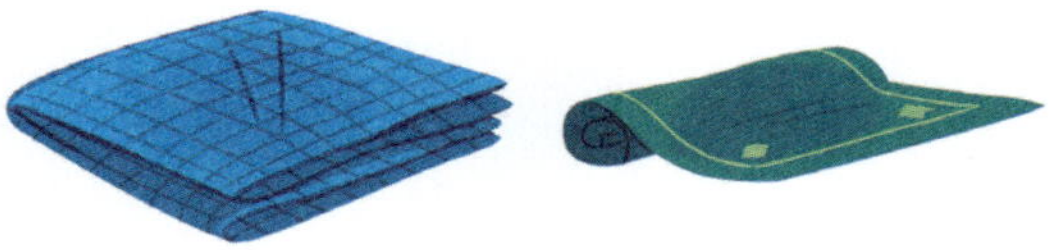

1 serviette de table ou 1 torchon plié
et 1 tapis de jeu ou 1 serviette éponge

5 morceaux de sucre

1

* **Juste avant de commencer**, en cachette, prends un morceau de sucre dans la main et saisis la serviette de table.
* Place le tapis de jeu ou la serviette éponge **bien à plat** sur la table.

2

* Annonce que tu vas faire un tour de magie avec **4 sucres** et **une serviette de table**.
* **Dépose la serviette** sur la table (avec le sucre caché dessous). Attention, il ne faut pas que le public entende le sucre qui cogne la table.

3

* Assieds-toi, prends un 1er sucre avec la main droite et **donne un coup** avec sous la table.

4

* Soulève la serviette avec ta main gauche... Magique ! Le sucre **a traversé la table** !
* Mais tu as **toujours un sucre** dans ta main droite. Change la serviette de main : elle vient recouvrir le sucre que tu caches.

5

* Mets la serviette sur le sucre posé sur la table et **prends un 2e sucre**.
* Donne un coup avec **sous la table**, et magie, le sucre a encore traversé la table !
* **Change ta serviette** de main comme précédemment.

6

* Refais **la même opération** avec le 3e sucre, puis le 4e.
* Dépose délicatement **le dernier sucre sur tes genoux** et salue ton public (sans te lever !).

LA CARTE EMPRISONNÉE

Il te faut :

1 jeu de cartes

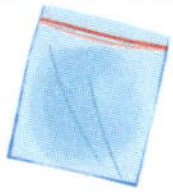

1 sac congélation avec zip

de la colle

Préparation :

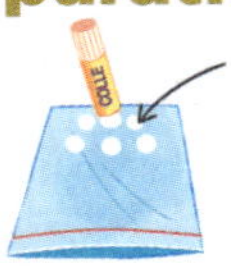

Dépose quelques points de colle à la base du sac.

1

* **Présente** au spectateur ton jeu de cartes (normal, pas truqué), puis le sac ouvert et vide.
* **Ferme le sac** et pose-le devant toi (avec les points de colle sur le dessus).

2

* Demande au spectateur de **choisir une carte** qu'il regarde et mémorise, mais qu'il ne te montre pas.
* Dis-lui de la replacer **sur le dessus du jeu**.

3

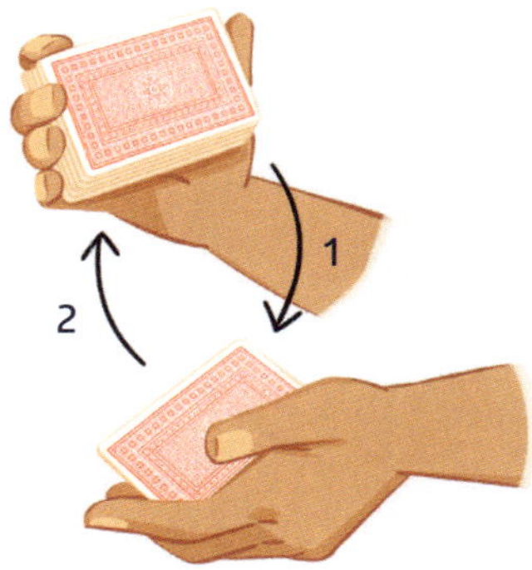

* **Mélange le jeu**... mais pas n'importe comment : commence en t'emparant d'une seule carte (la carte du spectateur qui est sur le dessus) et fais-la **passer sous le paquet**.

4

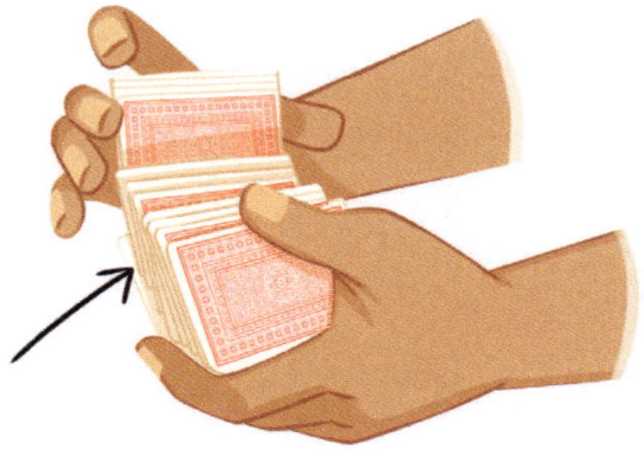

* Mélange les autres cartes par-dessus, en veillant à toujours laisser la carte du spectateur **dessous**.

5

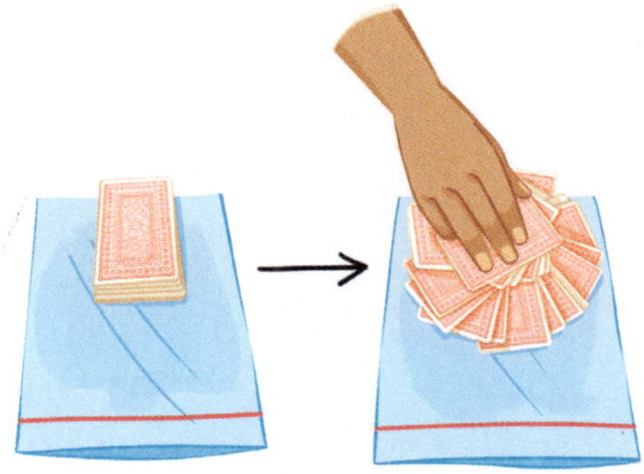

* Pose le paquet **sur le bord du sac** (sur les points de colle).
* Forme **une rosace** en étalant les cartes. Appuie un petit peu.

6

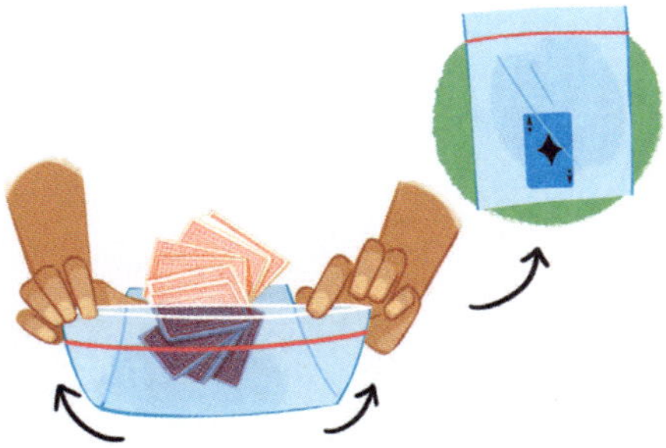

* Fais **une petite passe magique** : claque des doigts au-dessus de la rosace.
* Tire le sac vers l'avant et montre que **la carte est dedans** ! Elle est en fait à l'extérieur, de ton côté, mais le public ne le sait pas !

7

* Pour **faire sortir la carte** (pour de faux !), ouvre le sac, mets ton pouce et ton index à l'extérieur et **décolle** cette carte d'un coup (les autres doigts sont à l'intérieur).
* D'un geste rapide, tire la carte **vers le haut**. Ah ah ! Elle était bien dans le sac !

LES ANNEAUX PASSE-PASSE

Il te faut :

2 feuilles de papier cartonné
de même couleur
2 anneaux en bois
1 cutter, de la colle
2 pièces de 5 centimes
2 cartes

Préparation :

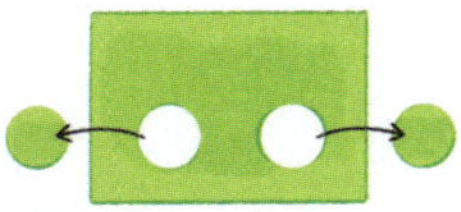

Demande à un adulte de découper
au cutter l'empiècement des anneaux
dans la 1re feuille cartonnée.

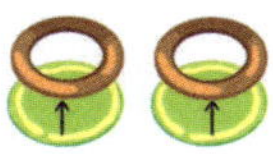

Colle les anneaux
sur les ronds de papier.

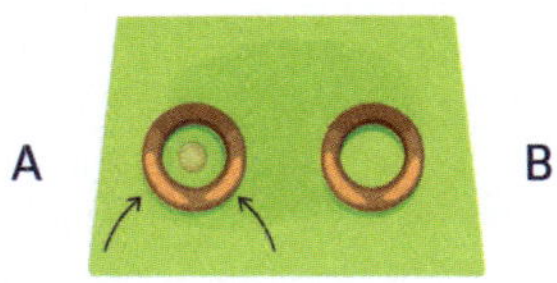

Dépose les 2 anneaux sur la 2e feuille.
Glisse une pièce sous l'anneau A.
On a l'impression
que les 2 anneaux sont vides.

1

* Devant ton public, **dépose une carte** sur chaque anneau.
* **Montre** ta pièce de monnaie (la 2e ; pour le public, c'est la seule).

2

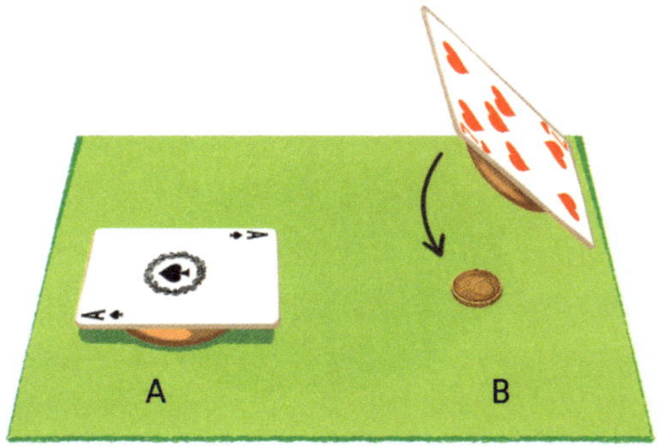

* **Soulève** l'anneau B (avec la carte dessus) et dépose la pièce sur la table.
* **Repose** l'anneau par-dessus.

3

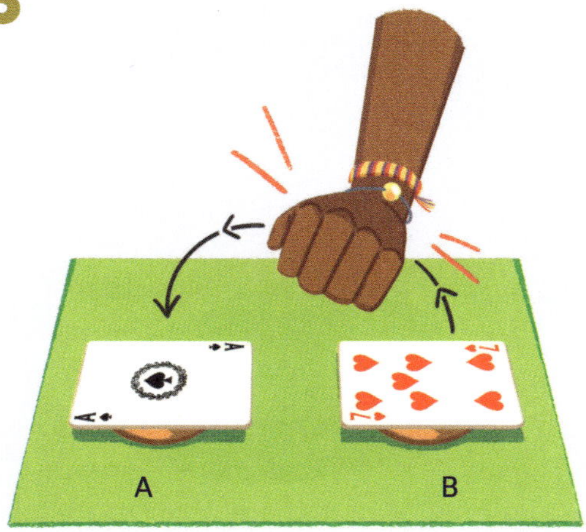

* Fais semblant de déplacer la pièce **par la pensée**, de l'anneau B vers l'anneau A.

4

* Soulève la carte de l'anneau B : la pièce **a disparu** ! (C'est normal, elle est sous le papier cartonné de l'anneau !)

5

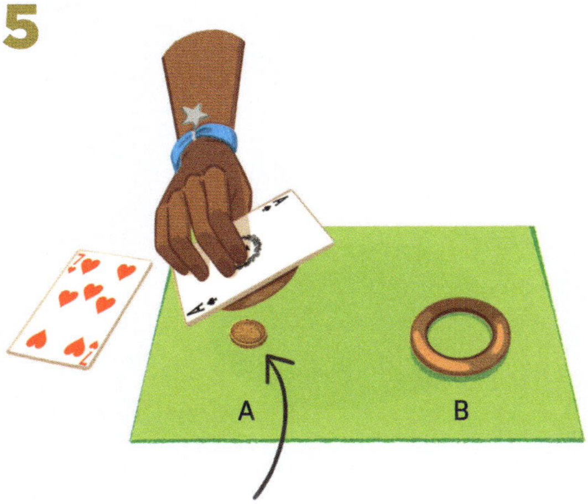

* Soulève l'anneau A **avec** la carte posée dessus. Magique ! La pièce est là !

6

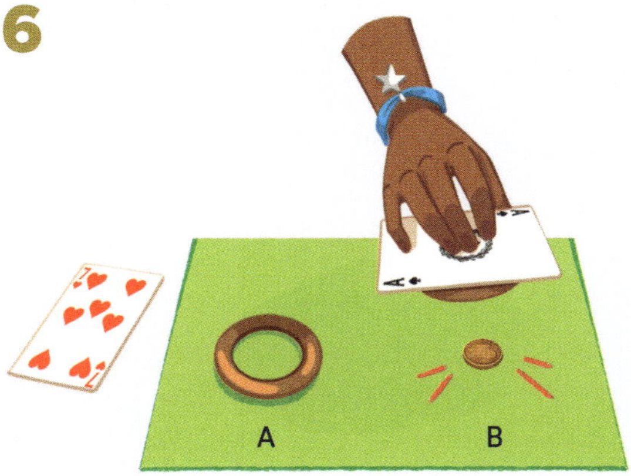

* **Recouvre** cette pièce avec la carte et l'anneau A. Viens poser cette carte sur l'anneau B. **Fais voyager** la pièce.
* Soulève la carte A : il n'y a **plus de pièce**.
* Soulève l'anneau et la carte B : **la pièce a réapparu** !

ILLUSION D'OPTIQUE

Il te faut :

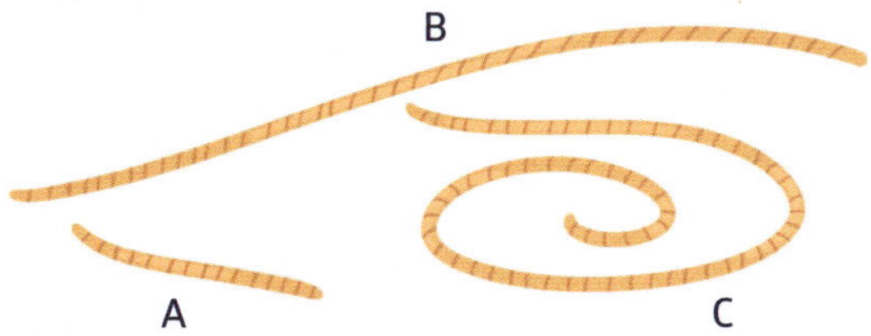

1 petite corde de 22 cm = A
1 moyenne corde de 62 cm = B
1 grande corde de 102 cm = C

de la colle ou du ruban adhésif

Préparation :

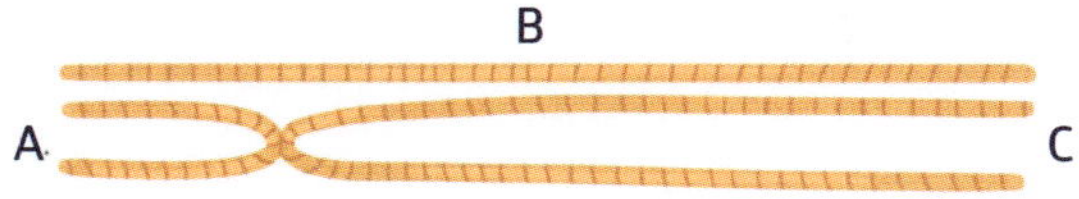

Tu peux changer la longueur des cordes, mais il faut toujours respecter : la moitié de la petite + la moitié de la grande = la moyenne. Mets de la colle ou du ruban adhésif aux extrémités des cordes pour qu'elles ne s'effilochent pas.

1

* Montre au public **les 3 cordes**.
* Commence par placer **la petite corde** dans ta main, coincée dans la pliure de ton pouce. **Ajoute la moyenne et la grande** en égalisant bien les bouts en haut.

2

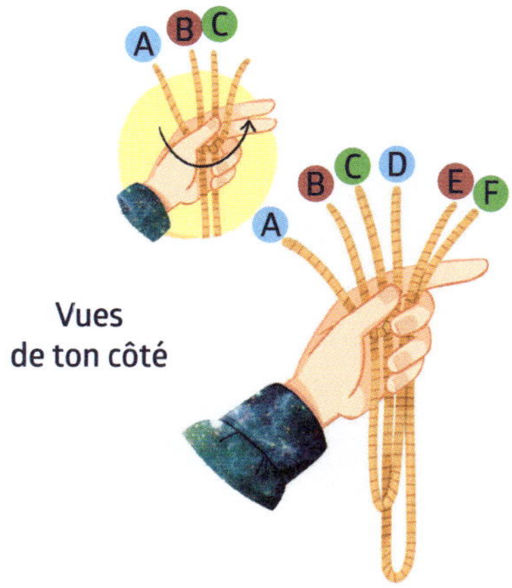

* Replie le bout de la corde A à côté de la corde C. **C'est le bout D.**
* Replie le bout de la corde B à côté de la corde D. **C'est le bout E.**
* Replie le bout de la corde C à côté de la corde E. **C'est le bout F.**

3

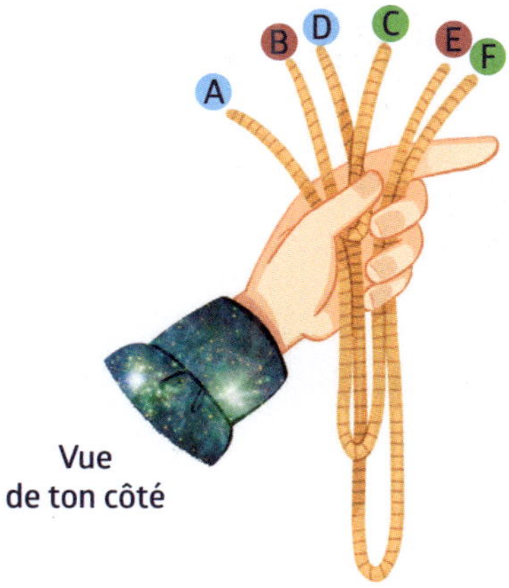

* Discrètement, **croise les morceaux C et D** : ils prennent la place l'un de l'autre. Tu obtiens la disposition suivante : A, B, D, C, E, F.

4

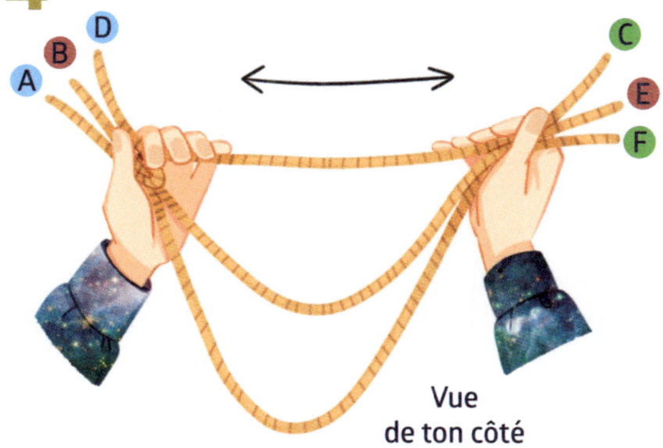

* Ta 1re main, la gauche, garde **3 bouts** (A, B, D) et ta 2e main saisit les bouts C, E, F. **Cache** bien la boucle dans ta main.
* Avec ta main droite, **tire** les bouts C, E, F ensemble. **Éloigne tes 2 mains** l'une de l'autre.

5

* Lâche la main contenant les bouts C, E, F et garde bien la boucle dans ta main. Le spectateur croit alors que les 3 morceaux ont **la même longueur** ! Magique !

6

* Rassemble les cordes **en boule** dans tes mains.
* Tire sur chaque bout de corde : tu as toujours **la petite, la moyenne et la grande** corde !

LE BILLET INDÉCHIRABLE

Il te faut :

1 billet de jeu de société

1 crayon à papier

1 morceau de papier moins long
que le billet mais de la même largeur

1 cutter

Préparation :

Demande à un adulte de faire
une petite fente au cutter
sur le haut du billet.

Plie le billet, pas en plein milieu,
mais de façon à recouvrir la fente.

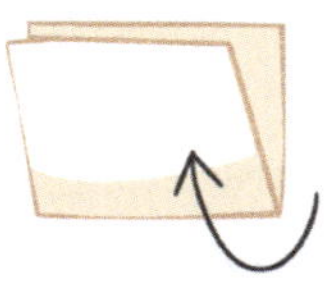

Plie le morceau de papier en deux.

1

* Présente **ton billet** à ton public en cachant la fente avec tes doigts et explique qu'il est **indéchirable**.
* **Plie-le** en deux sur la pliure déjà préparée.

2

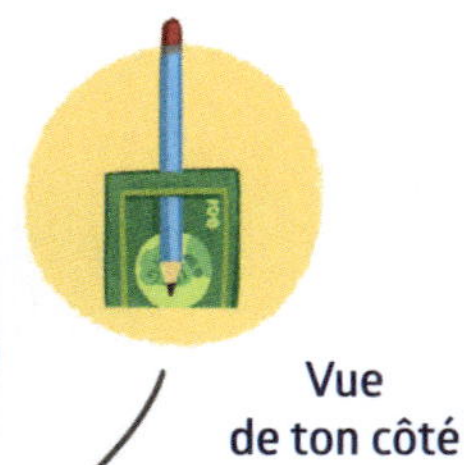

* **Insère le crayon** au milieu du billet : il glisse **dans la fente** mais le public ne le sait pas ! Attention de ne pas faire dépasser la pointe du crayon en bas.

3

* Prends le morceau de papier plié en deux et **recouvre le billet**.
* **Montre** les 2 côtés : aucun truc ! Tout est normal...

4

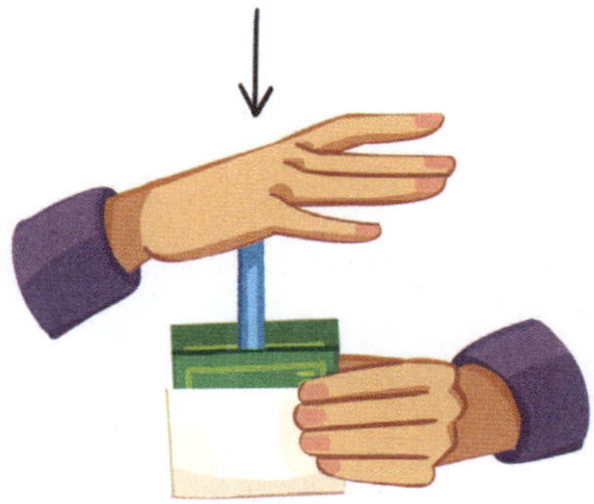

* Donne **un petit coup sec** en haut du crayon pour transpercer le papier et le billet.

5

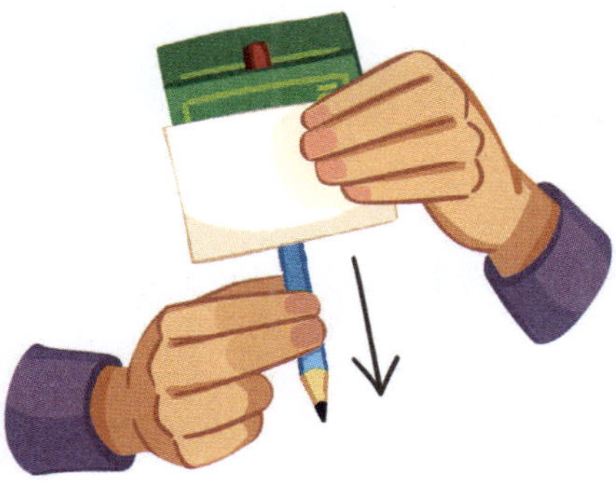

* **Tire le crayon** par en dessous : il passe entièrement à travers le billet et le papier...
* Montre le crayon : un spectateur peut **le manipuler** et **vérifier** que c'est un vrai.

6

* Enlève le morceau de papier et présente-le à ton public : **il est troué** !
* Le billet est-il intact ? Ouvre-le... Incroyable ! **Aucun trou !**

SIMPLISSIME

LES LIVRES LES PLUS FACILES DU MONDE POUR PRATIQUER TOUTES LES ACTIVITÉS

SIMPLISSIME 5-10 ans LE LIVRE DE YOGA LE + FACILE DU MONDE hachette
SIMPLISSIME 8-12 ans LES EXPÉRIENCES SCIENTIFIQUES LES + FACILES DU MONDE hachette
SIMPLISSIME 8-12 ans LE LIVRE DE MAGIE LE + FACILE DU MONDE hachette
SIMPLISSIME 5-10 ans LE LIVRE POUR DESSINER DES ANIMAUX LE + FACILE DU MONDE hachette
SIMPLISSIME 3-6 ans LE LIVRE DE PETITE GYM LE + FACILE DU MONDE hachette
SIMPLISSIME LES MAQUILLAGES POUR ENFANTS LES + FACILES DU MONDE hachette
SIMPLISSIME 8-12 ans LES BRACELETS LES + FACILES DU MONDE hachette
SIMPLISSIME 4-8 ans LE LIVRE DE RELAXATION LE + FACILE DU MONDE hachette
SIMPLISSIME 6-10 ans LE LIVRE POUR TOUT SAVOIR SUR LES DINOSAURES LE + FACILE DU MONDE hachette
SIMPLISSIME 5-10 ans LE LIVRE POUR DESSINER LES CONTES LE + FACILE DU MONDE hachette
SIMPLISSIME 6-10 ans LE LIVRE POUR TOUT SAVOIR SUR LES CHEVAUX LE + FACILE DU MONDE hachette
SIMPLISSIME 5-10 ans LES PLIAGES EN PAPIER LES + FACILES DU MONDE hachette
SIMPLISSIME 5-10 ans LE LIVRE POUR DESSINER DES DINOSAURES LE + FACILE DU MONDE hachette
SIMPLISSIME 8-12 ans LE LIVRE POUR TOUT SAVOIR SUR LE CORPS HUMAIN LE + FACILE DU MONDE hachette
SIMPLISSIME 6-10 ans LE LIVRE DE DANSE CLASSIQUE LE + FACILE DU MONDE hachette
SIMPLISSIME 7-10 ans LE LIVRE POUR TOUT SAVOIR SUR L'ESPACE LE + FACILE DU MONDE hachette
SIMPLISSIME 8-12 ans LES EXPÉRIENCES SCIENTIFIQUES RIGOLOTES LES + FACILES DU MONDE hachette
SIMPLISSIME 5-10 ans LE LIVRE LE + FACILE DU MONDE POUR DESSINER LES ANIMAUX Disney hachette
SIMPLISSIME 6-10 ans 100 ACTIVITÉS ZÉRO ENNUI LES + FACILES DU MONDE hachette
SIMPLISSIME 8-12 ans LE LIVRE POUR DESSINER DES MANGAS LE + FACILE DU MONDE hachette
SIMPLISSIME 4-8 ans LE LIVRE DE SOPHROLOGIE LE + FACILE DU MONDE hachette
SIMPLISSIME 7-10 ans LE LIVRE POUR TOUT SAVOIR SUR L'ÉCOLOGIE LE + FACILE DU MONDE hachette
SIMPLISSIME 5-10 ans 100 LEÇONS DE DESSIN LES + FACILES DU MONDE hachette
SIMPLISSIME 8-12 ans LES TOURS DE MAGIE LES + FACILES DU MONDE hachette

Pour l'éditeur, le principe est d'utiliser des papiers composés de fibres naturelles, renouvelables, recyclables et fabriqués à partir de bois issus de forêts qui adoptent un système d'aménagement durable. En outre, l'éditeur attend de ses fournisseurs de papier qu'ils s'inscrivent dans une démarche de certification environnementale reconnue.

Directeur de collection : Jean-François Mallet

Direction : Sarah Kœgler-Jacquet
Directrice éditoriale : Brigitte Leblanc
Responsable éditoriale : Sylvie Michel
Assistante éditoriale : Fanny Kalinine
Suivi artistique : Solène Lavand
Conception graphique : Marie-Paule Jaulme
Mise en pages : Eddy Pierrel
Suivi éditorial : Aurore Meyer
Correction : Agnès Scicluna
Fabrication : Anna Polonia

Dépôt légal : octobre 2020. Édition 03.
ISBN : 978-2-01-627930-4
Imprimé en Espagne par Estella Graficas.
Achevé d'imprimer en octobre 2021.
Loi n° 49-956 du 16 juillet 1949 sur les publications destinées à la jeunesse.

PAPIER À BASE DE FIBRES CERTIFIÉES

hachette s'engage pour l'environnement en réduisant l'empreinte carbone de ses livres. Celle de cet exemplaire est de : 600 g éq. CO_2 Rendez-vous sur www.hachette-durable.fr